개미의 집 이든시인선 140

김은자 시집

아든북

| 시인의 말 |

또 다른 의미로 돋는 봄이 입을 열었다. 나른한 기지개를 켜는 목련을 쳐다본다. 친, 외손자가 초등학교로 등교를 하는 역사적인 봄날이다. 울안 개나리 길 따라 두 손녀가 앙증맞은 종종걸음으로 어린이 나라로 들락날락 유영하고 있다.

텃밭에서 밀알만 한 참깨 두 알, 흙 위에 올려 검지 끝으로 꾹꾹 심는 이 봄 4번째 시집으로 서투른 탈주를 꿈꾼다. 참깨처럼 꽃이 피고지고 고소한 냄새로 수확될까?
　서투른 언어가 시어로 부딪칠 때 성긴 소리가 나곤 했다. 저를 알고 지지해주신 분들, 특히 뒷표지에 글을 거절하지 않고 써주신 복효근, 강희안 선생님께 감사의 말씀을 전합니다.

2024년 봄날 지은이 김은자

| 차례 |

시인의 말

제1부 / 문장의 내력

덤	11
마니까르니까 가트	12
다투 같은	13
먹구름 문장의 내력	14
포노사피엔스	16
산철쭉 치어들	18
목소리의 가격	20
감자의 뿔	22
고독 비용	24
봄날의 옥타브	26
낭아초&인디고	28
의자의 퍼레이드	30
대숲의 맥들	32
요람에서 무덤까지	34
소광리 금강송	36

제2부 / 느린 우체통

개미의 집	41
비를 기다리는 변명	42
수중 발레	44
느린 우체통	45
감자 꽃	46
산사태 비밀을 듣는다	48
바지락 그 사람	50
벌새의 날갯짓	52
계란파동	54
염부의 내력	56
극한직업	57
아이코닉	58
새들의 집	60
복화술	62
눈의 눈	64

제3부 눈과 눈길 사이

무서리	67
애플apple 이야기	68
귀향	70
양의 무덤	71
눈과 눈길 사이	72
심심파적	74
거푸집의 거처	76
금등화金藤花	77
짜증Vexation	78
계절학기	80
살풀이 춤	82
수국 가로수	84
의자에 대한 단상	86
구인구직자 일당	88
탑의 변증법	90

제4부 / 모자란 소유

순비기 꽃	93
파쇄기 동정	94
금붕어 존엄사	96
사이언스 사이꽃	98
본차이나	100
만물트럭이 지나가고	102
모자란 소유	104
은행나무 꽃	106
내면의 오류	107
민물고동의 드잡이	108
삼공오공 보호구역	110
하루살이	112
참깨 밭에서 만난 딱새	114
담쟁이와 클라이머는 같은 과	116
바위 성 박물관	118

제1부

문장의 내력

덤

장마다 꼴뚜기일 수 있던가
잔잔한 멸치 속에 꼴뚜기 새끼
새우와 함께 덤으로 포장되어
가판대 위에서 맑은 눈길을 준다

남해바다 멸치잡이 봄날
종종거리는 콧바람 따라 달려가
비릿한 냄새와 부대끼며
어우러져 일체 단결을 했던가

한 땀 한 땀 코를 엮은 그물망
멸치잡이 배를 열어라
풀어헤친 촘촘한 어망 속으로
빠른 음표로 팔딱 떼지어 날아든다

펄펄 끓는 물에 막무가내로
목구멍 휘휘 휘저어 통과해
건조기에 제 몸 말리고 말려
가벼운 박제의 덤이 되었다

마니까르니까 가트*

   돌아갈 길을 잘 모를 때 마니까르니까 가트에 가 보라 두 길이 동행한다 장작더미 위에서 일생을 마감하는 최고 생을 눈으로 엿듣고 귀로 보라

   밤새도록 타는 메케한 연기와 한밤 내 깨어 있는 달빛, 어미 염소는 새끼에게 젖을 먹이고 소들은 짝을 찾아 눈을 부풀릴 때 집나온 개들은 하울링으로 너를 알리고 있다

   꾹꾹 눌러 담았던 달빛에 얼굴을 파묻고 배웅의 발걸음 영겁의 꿈으로 빠져든다 눈빛이 그윽한 수도승의 축원 기도는 생의 길을 드나든다 노을이 모래 벌로 자리를 옮기며 성스러운 강이 유유히 달빛 아래서 발걸음을 실어 나른다

   잠들어가는 연기 속에 갇힌 가트, 한쪽 문이 닫히고 다른 문을 열어 수장된 채 새로운 여정을 시작될 것이다 그 강에서 어른은 빨래를 하고 아이들은 목욕을 한다 너와 나의 초상이 어슴프레 번져 가고 있는 봄날이다

   * 마니까르니까 가트 갠지스강의 화장터

타투 같은

가볍게 곡선의 바늘이 길을 내자
신음의 섬광으로 온몸으로 자라는 줄기들
포물선 따라 완강한 표정이다

등이나 팔 눈썹 온몸 곳곳에다가
포기하고 싶은 끈 잇고 끊으려
타투를 시술하려는 질문을 한다고도 하지

더러 눈 주위 미용 효과의 모습을 훔쳐보기 하며
꿈틀거리는 궤적을 따라 검은 용과
포효하는 맹수 타투로 검은 사막을 알리고
더러는 자신의 운명을 사냥하기도 한다지

지난번 조간신문에는 1,500년 전
페루의 유적에서 여전사 미라 발견이 있었다
모체 문명사회의 일원이었을 것으로 보고
손등에 복잡한 타투가 미스터리란다

먹구름 문장의 내력

심심파적 맥박은 문장 읽어 내린다
행간의 구름에 쑥국새 소리 포획하자
뼛속이 부풀어 오른다
울음을 뽑던 새가 날갯깃을 접고
개미의 발자국들이 길게
밥그릇을 입에 문 채 탈출을 한다

요란한 소리와 함께 속이 뻥 뚫리도록
먹구름의 글들을 긁어낸다
수직으로 쏟아지며 뻐꾸기 울음을 멈추는 거야
행간의 경계 넘으며 튕겨나가는 빗줄기들
나무의 뼈가 흔들리고 잔가지 펄럭였다

밑둥치와 나뭇가지 턱턱 베어지고
뿌리에서 개미 얼굴 둥둥 내밀고 있다
할퀴고 지나가며 쌓인 문장의 무더기
하수구 트랩을 덮고 막는다

뒤얽힌 빗물에 떠다니는 부유물마다

주저앉은 사연을 품고 읽어내는 중이다
문장 속으로 숨죽인 채
개미떼 나뭇잎에 밀려가고
새들은 깃털 털며 울음으로 헤매고
심박 수는 불규칙으로 출력된다

포노사피엔스

어둠을 움켜쥔 밤과 새벽의 경계에서
신인류들이 각양각색의 소리로 새벽을 밝힙니다
수탉이 홰치며 목청을 돋우는 아침은
나른한 꿈속에서 사라질지도 몰라요

간밤의 뉴스를 꽉 채운 AI 기사에는
연구세대가 발견한 인공지능들이
문명사회를 향해 의미심장하게 던진
어눌했던 질문에 대한 처방전이 있어요

한숨을 엿보며 지리멸렬한 일상을 위로하며
어깨를 감싸는 목소리로 말을 건네고
생의 균열로 버거운 진실에 초점을 맞추어요
MZ세대가 결혼하여 알파세대인
5G 빅데이터 3세대들이 태어나요

사이렌처럼 밤낮 오열하는 비명
신기술로 만든 풍자적인 동영상으로
아이들 울음을 그치게 하는 보모로 길들여 가요
속속들이 아바타를 반려자로

현실과 가상세계를 허물며
장난감의 놀이로 성장시키는 중이에요

식당가에서 집안에서 할 것 없이
하루 종일 스마트폰만 있으면 만사가 OK
짜증스럽게 울 때 스마트폰과 태블릿PC 앞에서
그들의 눈물을 어르고 달랩니다
뺏으려면 죽기 살기로 저항하며 신인류들

잠에서 깨어난 이십삼개월 아이도
슬그머니 신 개발품을 찾아
눈과 손이 이불을 뒤적거립니다

산철쭉 치어들

골방 깊숙이 틀어박힌 잠잠한 산철쭉
슬쩍 흔들어 깨우자 입들이 열린다
땅의 껍데기에서 치어의 싹이
아무렇게 해사한 얼굴을 치켜세우며
삐죽삐죽 깨금발로 파도를 탄다

봄의 불을 삼키며 화관을 썼는지
시나브로 흐려진 이름을 꺼내듯
온몸에 눈동자들이 솟구쳐
바래봉 따라 바람결로 떠돈다
바위틈에서 자리를 잡았으므로
잠에서 깬 알들이 웅집하고 있다

연분홍에 몸을 맡기면 바다에 닿을까
산등성 따라 갇힌 아가미 바다를 기웃거릴 때
붉은 철쭉군락 뒤엉킨 실타래를 풀고
서서히 꽃 딱지 쏟아내며
새로운 시간이 밖으로 흐른다

아무렇게 방치한 그때 그 자리
꽃의 몽우리들이 산위에서 힐끗거린다
뭉쳐진 바다 치어들의 질주가
파도 위에서 성어로 떠다니며
파드락파드락 붉은 꽃을 게워내고 있다

목소리의 가격

한 잔 물방울도 나눌 수 없는 암전의 밤
뜨거운 심장들 북적이며 내통을 한다
감히 그 지역 내로라하는 허리 이상 급
거리두기 강화에도
팻말을 세우고 그랜드 홀 통째로 빌렸다

마스크로 입을 함구한 말의 씨
코로나가 볼모를 자처했다
마이크는 홀로 마스크를 벗는 기법을 터득해
침방울을 튀기며 눈과 귀를 열어젖힌다

허기진 귀를 열고 입술을 앙다문 채
고막은 음계를 받아들일 채비를 한다
팝의 황제 마이클잭슨의 원활한 범죄자
히트곡이 떠돌며 오열한다
근래 술렁이는 오징어 게임 ost 연주하는 첼리스트
요염한 드레스 사이 허벅지가 뒤척이도록 신명을 낸다

달콤한 혀로 유엔본부 링컨센터에서 불렀던 곡
에리카 문이 5~6만 명의 관중 앞에 부르듯 불러

아름다운 소프라노 목소리를 위해 종종 거세를 한다는
해설의 비밀은 은밀하게 허공에 잠긴다

귀밑으로 어깨를 들썩이던 분주한 눈동자들
울긋불긋 레드카페를 타는 붉은 혈관에 휘감겨
난입한 베르디 레하르 컨벤션홀을 가로질러 덮는다
동굴과 우물 저편 넬라판타지아 축배의 노래
비틀거리며 거세 전 배심으로 끌어내 흘러가고 있다

두 번째 서른 즈음에 서글픔으로 빠져
남성 성악가는 변성기 오기 전 거세를 하여
목소리의 가격을 높이는 경우까지 생겼다

감자의 뿔

소낙비 내리꽂히는 빗길에 따라 텃밭에 가는 길
어깨 위 삽자루 덩달아 따라 나선다
뿌리까지 내리는 비의 범람에 물길 터놓자

자주감자에 싹이 나고 잎이 나고 보라꽃 한 다발
흙더미 가르며 우르륵 뽑아 올리자
허기진 소문 등에 업고 줄줄 달려 나온다

검은 비닐 걷어내자
씨감자 알감자 왕감자 와글와글 엉킨 손 같다
밭두렁 시끌벅적하도록 꽂히는 시선마다
감자들이 둥글둥글 정겹게 몰려다닌다

여우비 다녀간 뒤 키재기를 하며
온가족이 나른하도록 햇볕을 몸에 바르자
뜨거운 피로가 풀렸는지
산 그림자 드리워지자
솔라닌 초록이 자리를 잡는다

바람을 끌고 들어온 바구니
고단함이 허기로 몰려올 때마다
독이 되는 득이 되는 모호한 경계

둥글게 푸른 비늘을 벗겨 무게를 털어낸다
흙투성이 손가락들 바구니 안으로 덜그럭댈 때
수상한 눈으로 철 지난 감자를 훑어본다

머리에서 발끝까지 어둠을 껴안은 채
군데군데 움푹 파인 씨알의 자궁
쭈글쭈글한 늙은 몸이 생을 시작한다

제 살 꿰뚫으며 뿌리들이 슬슬 돋아 나온다

고독 비용

어둠을 밀어내고 민낯의 아침이다
목마른 시간의 고독은
밥솥에서 칙칙 소리를 뿜어낸다

밤새 각양각색 빗장 풀린 생각들
허름한 꿈 노곤한 몽환에 갇혔다가
끓어오르며 줄지어 기지개를 켠다

바람은 창가에 앉아 허투루 갈근대고
바닥에 떨어진 푸석한 머리카락들
찍찍이로 초점을 맞추고 있다

고립은 침묵으로 어둠은 회색빛으로
묵묵히 갇혔던 시간들마저
힘겨운 시위를 펼치고 있다

바닥에 흐트러진 머리카락은
스멀스멀 들뜬 감정으로 파고 들고
어제 태양이 빗장을 푼다면
어떤 힘으로 친밀해지는 걸까

심사가 뒤틀린 고독이란
콩나물국밥 값과
커피 값을 지불하는 일인 것이다

봄날의 옥타브

봄을 물고 겨울을 포위해오는 제비
기지개를 켜는 목련나무 앞에서
변화구를 날리며 팽팽한 비행술로 떠돈다
슬쩍 떠나가던 춘삼월 음표 더듬거리며
모든 음계들 입을 열였다

안부를 나누면서 담벼락을 빌려 집을 짓고
옥타브를 타고 뼛속까지 도돌이표를 그린다
휘청거리는 기침의 파문으로
황량한 가슴 부풀게 하는 푸른 교신
앙다문 나뭇가지마다 신열을 앓고
이팝 열꽃 고봉으로 밥상을 차린다

봄날 몇 층의 모종은 땅속 흙을 박차고
귀소본능을 일깨우며 후각과 청각으로
온음표를 따라 64음까지 학습을 한다
실망 초 점음표 점을 지우고 화장을 고친다
돌아서서 숨은 음표에 감정을 실어
꽉 낀 복대를 벗고 헐겁게 몸을 푼다

알을 깨고 나와 순백 꽃향기로 버무려져
풀과 나무를 타고 하늘에 오르겠다
땅속의 일기장에 살 오른 수미감자
새벽 서리로 풀죽어 날개를 접고
나뭇등걸에 걸터앉아 하루를 섞는다

끊긴 마침표 앞에서 방황하기도 하며
서성이는 악보 앞에서 먼 길 속으로
세찬 빗줄기로 그네를 탄다
층층 봄날의 음모가
몸살과 아픔의 여유로 얼비친다

낭아초&인디고

거대한 푸른빛이 선물한 천상의 색을 읽는다
당신의 발걸음마다 쪽빛 휘날리며
하늘 해오름이 노랫말로 번역하는 꽃
적막한 눈의 동공에 초점을 맞추고 있다

푸른 계절의 발목이 바닥에 묶여
우르르 굴러가는 바퀴에 깔린다
울음 터지며 풍기는 체취로도
남색 물빛을 건질 수 없는 것처럼

꽃봉오리 보듬고 가지 꺾어다가
배불때기 항아리에 구겨 넣는다
발효의 시간동안 볕으로 파문을 열어
웅크렸던 푸른 핏물을 끌어당긴다

으스러지고 짓무른 피를 뽑는 것은
화석화하지 못한 기다림의 답장이다
천연의 빛으로 바람에 흔들리는 몸
냄새와 향기가 사색이 될 때 즈음
계절의 표정은 낭아초로 푸르게 터지고 있다

모시 천까지 쪽빛으로 물들어 가므로
몸에 닿는 곳마다 하늘의 물빛이다
청바지 청치마에 깃들인 인디고
햇살을 베어 물고 쪽빛 비밀을 푸는 하루다

의자의 퍼레이드

들을 밟고 서풍이 봄의 문을 열어젖힌다
비행으로 나무 뼈마디 휘감을 때
나무는 꽃을 밀어 올려 입맛 돋운다
희디흰 이밥보다 흰, 딱지가 떨어지자
지난해 묶어놓았던 플래카드 일정을 앞당겨
한 걸음 빨리 이팝꽃이 다녀갔다

대책 없는 질문에 쑥덕거리는 풀색 나무
주인 없는 꽃의 축제가 시작되었다
라임의 낯빛 급물살을 타고
올리브그린 샵그린 네온 색을 엮은
어지러운 춤판의 갈라 쇼 무대로
의자들을 불러 모우고 있다

눈길에 닿는 바람은 익살과 해학으로
허공에 닿자 구름마저 뒤흔들었다
뒤엉킨 신명과 열정의 퍼레이드
빗속에서 호응하는 뜨거운 것들을 겨냥해
제멋대로 나뒹굴며 어수선을 떨었다

이팝꽃 고봉그릇째 쏟아진 자리
연초록 콧물 흘리는 그린 잎들
종종거리며 먹구름 몰려와 자리를 잡는다
비틀거리는 봄날은 숨 가쁘게 기울고
축제의 바닥에서 헛기침소리 꺼내자
지그재그 의자들이 일어서 사라진다

대숲의 맥들

너를 겨냥한 눈의 직구로 얻은
초록이 여름을 전한다
몸부림치며 밖으로 삐죽삐죽 돋아난 옹이
대숲에 묻혀 얽히고설키며
묵은 핏줄에 주름을 그으며 무르익고 있다

비바람 따르며 어디서 본 듯한 얼굴
계절의 시간과 여름 공간 속에
이리저리 신호등을 무시한 발자국이다
군데군데 밝히는 발걸음 받아내고
뼈대에 등을 곧추세워 관절을 흔든다

쪼개지지 않는 몸에서 빠져나온 근육들
신록 바람의 꼬리는 나선형 길 따라
너를 향해 단단한 줄로 뻗어가고 있다
푸른 괄호의 밧줄을 타고 다니며
죽순의 바늘로 찌르며 소용돌이가 인다

괄호로 감싼 붉은 땅속 파동을 따라
흔들리는 뼈들의 투명한 소리
텅 빈 지도의 블랙홀에 씨를 심는다
강하고 힘센 뿌리를 옮겨 심어
푸른 동맥 붉은 정맥을 지켜온 것이다

요람에서 무덤까지
— 비행기 무덤

  연필의 각도를 품고 섬세한 동공으로 끈질기게 설계를 끝낸 결과물은 거대한 은빛 비행기, 뼈와 관절을 맞추는 혼돈에 휘말린 듯, 소용돌이에 기우뚱하는 어깨를 활주로에 곤추세운다 바퀴들이 바닥에 긁히며 굉음 속에 회오리를 일으켜 피사체가 될 때마다 산정에 걸린 구름의 부드러운 손끝에 이끌어 올려진다

  태양이 뜨거나 질 무렵 노을 길은 고요한 바다 같아서 유영이 익숙해진다 보름달 향해 모든 것을 빨아들이는 의지의 비행, 먼 나라와 이웃 나라 하늘에 발자국들이 흔적 없이 공중의 이정표를 쓰는 나날, 커튼콜이 내려지자 명아주 지팡이를 의지하여 발원지를 떠난다 생김새가 다른 핏줄을 잇고 순간과 찰나의 경계에서 화려하게 소멸한 텅 빈 공항, 굳은살 가득한 몸으로 손사래를 친다

  닳아 버린 퇴역자의 걸음이 내일을 가로질러 하늘을 느릿느릿 걷는다 강수량이 적고 습기도 낮은 모하비 사막을 향한다 항공의 수명이 다한 콴타스, 아틀라스, EVA, 퇴역한 보잉 747의 무덤이 되는 땅, 더러 박물관으로 향하기도 하

고 식당이나 호텔이 되어 생각에 잠긴다 뭇 사람들 무덤으로 입실해 잠시 머물렀다가 나오며 덤의 삶을 잇기도 한다

   세계를 순례하고 퇴역하면 습기와 비가 없는 건조지역 비행기의 무덤, 진정 순례가 끝났을까

소광리 금강송

봄을 타느라 수런대는 풀과 금강송의 하루
수령520년 금강소나무 기지개를 켤 때마다
가슴둘레 3.5미터 키 23미터 뒤척이며
심장의 긴 날숨으로 솔 향을 내뿜고 있다

허락 없이 입산을 금지한다는 표지석을 망라한 채
울진 대형 산불, 밤낮 9일간 산을 할퀴며 발화하는 불의 눈
힘센 불살들이 산 능선 따라 범람했었다

유년시절 말을 트기 시작할 무렵 머물렀던 울진 소광리
제재소 톱밥더미에 난 불 시냇가 얼음을 들고
불을 끄고 또 끄는 기억의 꼬리를 소환시켰다

가뭄과 건조한 나날 산등성 타고 확산되는 산불
 안타까움에 한숨소리 다행히 금강송은 산불 재난을 피했단다
 소광리 금강송은 산골 격전지에 긴 세월 뿌리 내리고
 하늘 향해 팔 다리 허리를 뻗어
 오지에서 힘센 노인 황장목 소나무였으니

강점기 때 허리 굽힐 줄 모르는 헌걸찬 독립투사였다
실실 허리를 간질거리며 자라는 나무 백일홍
경주 삼릉의 솔숲과 품격을 견줄 수조차 없었다
빼앗긴 봄날 치열하게 목덜미를 휘감겼던 금강송

산등성을 훑는 불길 탄성
검은 잿빛으로 깔리는 흔적을 감지해
목재 채취 벌채 벌목을 지켜 볼 뿐 답을 할 수 없었다
외피를 벗겨 간도 쓸개도 싹 쓸어가는 바람의 외침
굳건히 지켜내려 오는 옛 모습을 만날 수 있었다

오백년 증조부 금강송 늠름한 자태
왕궁과 종묘 국가 건축의 기둥과 서까래로 귀히 쓰였지
나무껍질은 거북의 등짝 외피, 용 모양을 닮은 나뭇가지
백년을 보낸 우람한 청년을 생각케한다

선명한 붉은 빛 나무의 뼈

으뜸 중 으뜸으로 소중히 내리꽂히는 시선

아름드리 청량감으로 숨쉴 수 있는
씩씩하게 자라 광활한 햇볕의 심장이 되도록
이정표로 산모퉁이 길들이 환하게 열린다

제2부

느린 우체통

개미의 집

대륙 저편에 사는 눈빛들을 꺼내 응시해 본다
물의 기근으로 고갈되는 국가가 점점 늘자
가까스로 웅덩이로 모여든 흙탕물
목구멍으로 흘러 보내는 익명의 아이들
주저앉아 입을 열어젖히고 울음마저 까무룩 쏟는다

하늘별을 켜놓고 뼈대만 있는 거푸집
흙먼지 떠다니는 바닥에 웅크리고
고목나무에 분탕질로 집을 지으려는 듯
개미들이 물어온 보드라운 흙을 핥아 먹는다

밥그릇 앞에 두고 먹지 않겠다는 아이
먹지도 않고 없애버리는 식품 부스러기
밖으로 내던져진 먹이로 익숙하다
그토록 기다리던 너의 소식이 닿기 전에

햄버거 피자를 꾸역꾸역 씹다가
음식이 쓰레기통으로 사라진다
먹이를 기다리는 까만 눈동자
베인 마음마저 하얗게 눈자위 흐리는
척박하게 외진 땅의 출구를 찾아

비를 기다리는 변명

총총걸음으로 굴러 떨어져
거꾸로 처박힌 채 싹을 틔운 들깨 모
초여름 못자리에서 채소밭으로 옮겨
생명을 연장한다는데
유월 볕에 부딪히며 시들어 갈지 몰라

자소엽 깻잎 독특한 향기를 지녔으므로
청소엽 쌈이나 부각 장아찌
한 장 한 장 속속들이 마음이 섞였다
겹겹이 푸르고 자줏빛으로 물든 채
비를 감춘 구름의 지붕들
우울한 表情으로 바라보며 비를 기다린다

누렇게 비명을 토하며
가뭄에 타죽어 가는 모종들
맑은 하늘을 짓궂게 쳐다봤을 것이다
남해 쪽 폭우가 지나고
옷자락 적시며 내리는 비
가뭄에 벌컥벌컥 수액을 받아 적셔

온몸 깨꽃을 피운 덕에
다글다글한 주근깨로 찍혔다

솜사탕 뜯어 먹는 바람으로
초록 이파리 안부가 일렁일 때마다
풍요를 기대하는 말랑한 물
종자를 얻어 기름을 짜는 동안
임수탕 들깻국을 생각하며
가파르게 떠는 이파리 붙잡고
비의 집에 갇히고 말았다

곳곳에 고개를 드는 눈길
시시때때로 알게 모르게 속삭이다가
겹겹이 한꺼번에 쏟아질지도 몰라
오랜만에 내리는 빗물 머무는 그 지점에
둥근 모서리들 손끝에 덥석 잡힌다

수중 발레

얼굴을 포개면 다소곳한 자태였지
저무는 노을 따라 칠백 년의 밀실
싱크로나이즈드 스위밍 연습생이었으므로
제 몸이 꽃이 되는지 물방울이 되는지
물속 어둠을 응시하는 침묵의 날들

노랫말 데시벨이 새벽을 가르는데
이슬로 온몸을 둘러싸며 더듬었어
아라홍련, 고려시대 선홍색 홍색으로 섞여
사방팔방 은은한 향기를 누설하듯
환한 말을 물위에 피워 올리고 있었지

아라가야 터에서 뾰조록 돋아나
어제와 오늘이 섞인 천년의 늪지
물방울 소리에 젖어들며 발레레그로 빛나
백련수련, 가시연과 꽃잎을 펼쳤지

아름다운 음악에 스컬링 에그비터 킥
역동적인 불꽃 뿜으며 물 밖으로 나오는
종내 아라홍련을 보고 말았지

느린 우체통

이 쏜살같은 세월 물레를 가늠한다
차곡차곡 쌓인 편지가 빨간 우체통을 안고
휘몰아치는 먼지의 시간을 붙잡고 있다

깃털 펜 생채기로 쓰인 봉인된 서신들
빛바랜 채 온기가 식어 갈 즈음
우체통을 빠져나와 한 소식 쏟아 놓는다

배꼽을 뗀 아이는 첫발걸음을 읽어내고
젊은 할미는 비린내 풍기는 재래시장
좌판 골목을 떠나 쿠팡과 홈쇼핑 투어중이다

바닥에서 무릎을 세우며 저 혼자 날개를 달고
전속력으로 내달리는 로켓 배송맨
연막 소독차 꼬리를 물고 달렸던 조카들
우주 위성안테나 옆에서 게임 속으로 빠져든다

빛바랜 빨간 추억 너울너울 견뎌온 날
너와 네가 좁혀지지 않은 휑한 거리
누구도 닿을 수 없어 어쩌지 못한다

감자꽃

감자 꽃 모가지를 생떼로 따는 사람
주말이면 들락날락 텃밭 고랑마다
검정비닐 외투로 씌우고 감자밭을 완성한다

박스에서 바닥으로 뒹구는 씨감자
단칼에 씨눈을 찾아 반반으로 쪼개어 심는다
봄날 일광욕을 하던 그 밭
하지감자에 팔다리 싹이 꽃혔다

줄기는 몰래 몸을 부풀리고
활짝 꽃 피울 준비를 한다
하얀 감자 하얀 꽃 보라감자 보라 꽃
분홍감자 분홍 꽃으로 함박웃음으로 다가온다

감탄의 파동을 느낄 때마다
꽃 모가지 댕강댕강 생떼로 꺾어버린다
꽃에 대한 질문들
떨어진 꽃의 숨소리에 지난 애련함이 묻어

무너지는 너로 빈손의 알곡을 가늠한다
보이지 않는 땅속에서 실타래처럼 엉켜
한소쿠리 감자를 키우는 시간이다

산사태 비밀을 듣는다

산만한 사내가 사나흘 울음을 머금고 있다
늠름하던 옆구리 자동차 도로를 내어주고
심장을 골프장으로 내어주며
도무지 어쩌지 못하는 때도 있다

산불로 수십 수백 년 된 나무들
불꽃을 삼키며 바닥에 드러눕고
깊고 푸른 숲은 벌거숭이가 된 의문의 속내
산이 울면 산사태가 난다고 했던가

새와 날벌레들이 낮은 곳으로 날고
눈을 닫고 더듬이를 내려 고요하다
회색 선으로 구름 뭉쳐서 띄우고
비 올 확률 99% 유랑을 떠난다

빗물을 머금고 방치한 산들이 부푼다
강렬한 천둥소리 트림으로 뱉고
산의 한 모퉁이 공포를 견디며 울음을 부순다
하늘 비는 행간의 정수리를 두드리며
자진모리로 어깨를 타고 질주한다

떼구름 해산의 고통으로 진저리를 치며
빗물과 땅이 뒤섞여 낳은 산사태가 서성거린다
안 된다는 거친 손의 손사래 신호들
바람 위에 드리워졌다가 내려앉는다

소소한 것들에 목숨 걸지 않는다는 듯
빗물과 흙 실록이 섞여 숨 가쁘게
산사태 비밀을 응집하고 있다
지그재그 자술서를 쓰고 있는데
매미는 나무 끝에서 따가운 호흡법으로
끈적거리며 폭염 폭음으로 지펴온다
산은 오래도록 쌓아 놓은 시간을
바위로 부수고 황톳물에 자갈돌과 함께 묻힌다

장맛비 내린 후 강으로 향하는 샛길
산이 쌓은 연륜을 지워버린 길
뼈들은 산사태 윤곽을 밝히며 흘러간다

바지락 그 사람

바지락은 은둔해야 하므로 질펀한 개흙에 묻힌다
해종일 일밖에 모르는 그 사람
잿빛 바람 드나드는 갯벌에 홀로 남겨졌다

비릿하게 갯냄새 풍겨오며 구멍마다
트림하며 뱉어놓는 기포 흥건히 고여
껍질더미 속에서 바지락 얼굴 들여다본다

어로 작업에서 죽음앓이로 썩어져 가는 자
환경병인 마나마타병으로 말라비틀어진 자
낯익은 생업의 핏줄 포구
빛바랜 모자는 터벅터벅 물살을 가른다

구멍이 숭숭 뚫린 깃발은 어지럽게 휘날려
생각은 등 뒤에서 뒷짐 지고 곪아터지고
풍년이던 숭어 전어 오징어 수확량이
급격히 줄자 많은 구멍으로 한숨을 쉬고 있다

벌건 대낮 동태 생태 막걸리에 취한 듯
겁도 없이 대가리로 휘청거린다

메마른 삶은 사느니보다 꿈꾸는 편이 낫다는데

그늘의 시간 빠져나간 그 시선
한낮 헉헉대던 작은 배는 쇠줄에 엉켜
무료한 침묵에 고함소리마저 잃었다

한구석 널브려 자빠져 자리를 지키는
녹슨 자동차에 머물다 등을 돌려
멍든 시간 가르며 잿빛앓이가 시작된다

벌새의 날갯짓

여긴 꿀을 먹고사는 벌새가 없으므로
아프리카, 남 동남아시아, 남중국 숲으로 간다
자유로운 비행은 항공의 영역이므로
작디작은 벌새의 날갯짓에 불법체류 한다

드넓고 허공을 높이 걸머지고
테크닉으로 비행하는 허밍 날갯짓을 염두에 둔다
하늘 구석구석 몇 초 몇 분 동안
수만 번의 팔매질로 몸을 치며 재빠른 속도를 만든다
어깻죽지 관절로 퍼덕이는 날개
엔진에는 멀티콥터를 달고
중력가속도 견디며 중심을 커버를 한다

현존 항공은 비행물체를 만들기 위해
벌새의 어깨관절을 구현 연구필요로
역사상 불가한 꿈의 영역이다
작고도 빠른 날갯짓은 엄청난 칼로리 소모다
전진, 후진, 체공, 호버링 비행, 급선회
비행 기술을 섭렵해 항공인들에게 전한 몸이다

올곧게 바른 자세로 벌처럼 공중을 배회하며
몸을 치며 바른 자세로 서성거리기 위해 애쓰는데
호버링 비행을 위한 항공인들은 열량 소모를 다한 건지
머리 꼭대기에 장식깃 달고 프레이즈*에 닿으련다

*프레이즈 자연스런 한 단락의 멜로디

계란파동

싱싱한 계란이 왔어요!
목젖이 드러나도록 조개가 입을 열었다
의문과 의심의 살충제를 뿌렸다던 달걀
둥글게 굴러 부엌으로 들다가 멈칫거리는
알 파동으로 집집마다 주방의 프라이팬을
뒤집으며 수다스럽게 툴툴거려요

조개 국이 계란으로 바위를 치고 있어요
거품을 물며 일파만파 바구니 속의 알
무공해 상표를 달고 들썩이는 칼날에
잠재우려는 모호한 경계를 함구해야 하나요
진드기 몰려드는 겨드랑이를 겨냥하여 포진했던
피프노닐, 비펜트린 살포를 중지하라 선포해요

일몰을 등에 업은 허기진 걸음
빈약한 주머니의 한 끼 식사
매스컴에서 들추던 약 얘기로
온 동네 화제 꺼리가 되어 사그라들지 않자
포클레인 중장비로 계란더미 무덤을 만들 때마다

하얗게 심장이 타들어가는 양계업자
파르륵 죽어야 입을 여는 조개처럼
정부에서 인정해 준 약 뿌렸을 뿐이라고

과민성이라고 더듬거리는 통속적인 발언 속에
더운 입에서 슬픈 소식 중얼대는 탁란의 길
어금니 꼭 다문 채 깊은 물길 헤치자
또 다른 문이 열려 상한선을 넘나들고 달려온
계란 3판이 만원으로 뒹굴고 있다

염부의 내력

　태아의 양수는 바닷물이라 했다 아기가 안전하게 자랄 수 있도록 바라며 염전사람들 뙤약볕에 들락날락거리며 소금물을 끌어다 펄펄 끓여 백색의 금을 만든다 세상의 소금되어라 말씀 따라 하얀 소금 맛을 낼 수 있게 준비를 한다

　먼 나라 아랍에서는 소금을 나눠 먹으며 우정을 나누었고 로마는 카르타고와의 전쟁을 승리로 이끌어 염전 차지해 모든 길은 로마로 통한다 했다. 예수의 최후 만찬 식탁 앞에 엎질러진 소금은 가룟유다의 배신으로 소금은 맛을 잃은 탓이다 후쿠시마 원전 오염수 방류로 바다는 무덤을 접수하고 생사의 경계에서 중국산 소금이 국산 천일염으로 둔갑을 해 주수지를 바꾼다

　올곧은 생각으로 향하는 염부의 길, 바르게 걷고 싶은데 삐뚤거린다 소금이 맛을 잃으며 비밀이 사라진다는 말을 엿듣는다 시장, 마트, 인터넷에서 서너 배 웃돈 거래로 중국산 소금대란이 염부 심장에서 한숨의 정령이 우르르 끌려 나온다 무릎까지 잦아드는 소금물에 폭염 햇살을 잡아 놓았다 은밀히 천일염 비밀을 모으는 염부가 있다

극한직업
　— 아기 돌봄이

태초의 문을 열고 나왔다 간호사가 발목을 잡고
거꾸로 매달아 엉덩이를 때리기 시작하며
아프지 않을지 몰라 울음을 토했다

육아 출산율은 0.7% 육아휴직급여 보너스
인상을 해도 MZ세대들 혀를 내밀고

DMZ 조부모들 유아 돌봄이 밤낮 계속된다
입안이 부푼다 잇몸병 점점 조여 오는 허리통증
하나둘 진단서가 늘어 어깨 위에 자리를 잡았다

먹고 자고 싸고 23개월 손자
할미 모해? 먹어봐? 뒷문을 열고 잠시 휴면

아이코닉

간판 교체를 위해 빌딩 외벽공사가 끝났다
소상공인들의 주머니는 하강하며 숨을 고른다
육각의 눈꽃 무늬 제목을 달고 빛나는
유리타일 바닥 구슬 구르듯 글로시한데
스트라이드 부츠의 발자국 찌꺼기
고무줄 바지들이 닦아 빛을 발하고 있다

칸칸이 다채로운 브랜드는 팽창을 더해
바닥이 등을 굽히며 기다리고 있는 것은
모피를 걸친 중년, 카세트 백을 들은 신세대들일까
와이어로 어깨를 끌어올린 호피바지들
성큼성큼 카드를 통과하고 있다
잘 보이려는 눈빛 진열대마다 번쩍번쩍한 아이템
아이코닉*을 아이캐칭할 수 있는 쪽으로
말없이 외면하며 휘돌아 이동을 한다

할인 전단지 목표물을 포착하는 눈동자
줄줄이 매번 내건 세일의 목걸이를 단 옷걸이
반드시 매달려 서 있는 고무줄 바지 낚아챈다

모기에게 피 한 방울 허락지 않은
단단했던 바지 입어본 사람은 알고 있지
견고함이 묻은 내면이 명품인 프리 고무줄 바지
도시의 사거리 휘도는 막다른 길을 내고 있다

*아이코닉 우상의 브랜드명

새들의 집
— 금사연 수프

변두리 담벼락을 돌고 돌아 발붙인 허름한 처마
지지린 비행과 부리가 부르트도록 지은 둥지였다
매 끼니마다 끈적끈적한 침으로 절인 칼새 둥지
철거자의 무단 침입으로 뜯어서 요리를 만든단다

최고급 진귀한 별미 제비집수프 재료라는 말
의심과 호기심은 냄비 속에서 끓어올라
히죽 웃는 흰 누런 이를 드러내며 욕구를 채운다

사라져가는 둥지를 보며 베베 꼬인 주둥이
제비집수프 모기눈알수프 쥐 발바닥볶음
희귀 재료를 찾아 미각을 앞세우며
비싸게 거래되는 먹이를 향한 눈 희번득인다

바다제비는 비릿한 해초와 생선뼈를 물어 날아
쏟아지는 비바람에 난파되지 않으려 기를 쓰며
수천 수백 번 오가며 견고한 집을 위하여
혼신을 다해 날갯죽지를 접지 않는다

미식가란 이름을 앞세운 자들 호시탐탐 기회를 엿봐
금사연* 콘도를 지어놓고 새들을 불러들인다

떠도는 날개를 모아 집단으로 사육을 시작을 해
칠칠한 침을 쳐 발라 둥지를 짓고
혈을 토하듯이 울음소리가 터져 나온다

작디작은 몸 알을 낳기 위한 둥지인데
모다 빼앗기고 또 빼앗겨 허전한 집터만 남는다

철따라 집을 짓는 철새 철거민 바닥에 등 기댈 때마다
염탐의 눈빛 기회를 엿보며 몰아낸다

담장 밖으로 넘기면 돌아다니는 깊은 한숨소리
지붕이며 기둥 완전히 허물고 망가뜨려 놓고
그들의 수난으로 최고의 요리를 먹는단다

둥지를 공격당한 철새가 된 상처 아는가
살을 갉아 먹고 날갯죽지마저 펼 길 없다

허공에 산산조각 흩어진 보금자리
별거 다 먹는다는 듯 새들이 막 웃어 제친다

* 금사연 제비집

복화술

전우를 위한 계절인데 그들이 없어도
아우성치며 받친 필생의 힘 흘러간다

참전 용사의 각각 부대 깃발을 든 기수
바짝 달라붙어 서로의 팔짱을 끼고
뚜벅뚜벅 청려장 지팡이 보듬으며
행사장을 가장자리를 갈之로 걷는다

어색한 몸짓과 어눌한 고갯짓은 누구의 잘못일까
다리가 흔들리며 대신 걷고 있다

무대 위에 인형을 통해 공연을 한다
꾹 잠긴 그 사내의 입으로 눈동자가 빠져든다

무릎이 부어 오른 관절통을 앓고 있는 칠십년
걸음을 뗄 때마다 삐뚤거리는 꼬리표
희끗희끗 숨었던 흰머리 검은 염색으로 덮고
굽은 등허리 쇠말뚝으로 세워놓았고
퇴화된 귀를 열어놓고 웃는 얼굴이다

지팡이를 내 던지려고 발밑을 내려다본다
똑바로 걷고 싶었지만
봉해진 입 울음조차 터지지 않는다
빛바랜 낡은 바닥만 출렁거린다

이리 저리 발걸음을 잡아당기자
온갖 고뇌를 말없이 이겨내던
하얗게 묻어둔 불면의 세월이 꿈틀거린다

젊디젊은 시절 전쟁 통에 당한 부상으로
벼랑 끝에서 흔들렸던 시간들
필사적으로 살아난 인형들의 아우성
현기증이 몰려와도 손을 놓지 않을 거야
용솟음치던 피가 거꾸로 흐르도록
선명해지는 혼몽 같은 기억들

허공에 매달려 손을 잡고
사람답게 살자던 스쳐간 동료들
이제 장승으로 남아 인형극 마무리한다

눈의 눈

재잘재잘 허공에서 떠도는 까만 눈
촉촉하게 젖어 눈물로 배고픔을 호소한다

황새 눈을 닮은 아프간 아이의 눈에서
눈물이 마른 자국들까지
우주의 주파수가 맞춰질 때
알게 모르게 6세 아이에게 활용하는데

아이는 번개를 마주치는 것처럼
바야흐로 비밀의 문을 열고 있다

영상으로 마주보던 촉촉한 눈망울로
리모컨으로 채널을 돌리는
뻑뻑한 눈 속에 재잘거리는 비문의 흉터들

검은 구름 몰려와 거미줄 놀이하다가
먼 나라 전쟁에 뭉텅뭉텅 추락하는 것들

제3부

눈과 눈길 사이

무서리

태양은 오전 6시 44분에 뜨고
오후 5시 44분에 지는 날
머리 위 하얗게 무서리가 다녀간다

곤고한 몸의 집에서 빠져 나와
풀들은 아우성치다 스러지는 순간
다시 날아오를 계절을 가늠해 본다

바람은 손바닥 골마다 잔금을 늘어놓고
흐릿한 말을 피워 뿌리와 같은 시간
옥탑에 앉아 토란대와 호박고지를 말린다

무서리로 내려앉은 들녘에 쪼그려 앉아서
투박하니 한숨과 독백으로 기도하는 날
힘겹게 억새 울음 쇳소리로 새어 흘러나왔다

거울 앞에서 수북하게 쌓이는 표정들에 묻혀
햇살이 둥둥 떠다니는 어머니의 윤곽
공명 같은 계절의 눈으로는 가늠 할 수 없다

애플apple 이야기

에덴동산의 사과를 먹지 마라
지혜의 열매는 선악의 덫이므로
한 입 베어 물면 상큼하고 달달하다

먼저 맛을 본 하와는 엇나가고
사내는 온 신경을 곤두세워
목젖이 생겼다는 누설이 번져 나갔다

트로이 전쟁의 영웅 파리스
윌리엄 텔의 머리 위 사과
황금사과로 전쟁 발발하고
화살로 맞추라는 용기를 북돋운다

뉴턴 만유인력 증거로
많은 과일 중 망설임 없이
구르는 자유를 선택했던 것이다

더러 독이 묻은 죽음의 사과와
세잔의 사과는 실존적 도전이다

은둔 속에 키우는 김일성의 사과는
설탕 한 푸대, 개구리 한 푸대, 보신용 황구를
구덩이 파묻으며 사과나무를 기른다
베어 물면 입에 짝짝 붙는 맛을 위하여

스티븐 잡스의 애플은 공중으로 부유한다
스마트폰 태블릿 개인 분화로
인간의 기술과 AI 인공지능이
사람의 능력을 넘어선 싱귤래리티
획기적으로 새롭게 익어
손의 손으로 끌어당겨 크게 한 입 베어문다

귀향

 회귀성 향수로 떠돌다 동심이 부풀어 올랐다 뒤엉킨 꼭짓점 도로를 빠져나와 선글라스에 챙 모자로 햇빛을 가리는 그럴 나이다 하늘 세 평 땅 세 평 기억 뒤편 휘돌아 손사래 치며 고향 찾아 산란지로 몰려오고 있다

 추억을 눈에 담았던 과일나무가 베어나간 과수원 터 핏줄처럼 튀어 오른다 윙윙대는 풀벌레 할당된 울음소리에 얹혀 구불구불 산길 따라 옛 집터 더듬는다 이동식 보금자리 위에 웅크린 낡은 별 염탐하듯 엿보았다

 시시때때로 바람의 방향이 꺾이지 않는 뒤란의 대숲, 거친 손으로 묵묵히 소죽을 끓이시던 그림자 바람 앞에서 휘어지고 굽히면서 오백년을 간섭하는 법을 가르친다 늙은 느티나무가 제 슬하에서 자라는 단단한 장기수 소나무향기를 뼛속으로 품는다

 푸르고 단단하고 대쪽같이 질긴 생 허물고 갈라진 길 되돌아본다 붉은 해가 갈 길을 읽듯이 노루재 씨랏골 무학봉 아래 물치는 소리로 떼 지어 통과하고 있다

양의 무덤

목초지에서 푸른 양들이 돋아 나왔다
초목들이 양떼를 갉아먹을 때
푸른 빗방울은 허공에 떠서
둥둥 흰 핏물로 번지고 있다

대초원 중심 화살촉으로
진정제를 주입하며
양 한 마리 양 두 마리 양을 센다
부를 때마다 마취 잠들이 몰려든다

잠 속에서 털을 채굴하는 기구들이
뭉텅뭉텅 베어 문 자리
소란스레 가슴 자궁을 뜯어 먹으며
습지에서 사막을 만들었다

과잉 방목으로 늘어난 풀씨들
목책 길 따라 전아된 자리에서
매스와 바늘 들고 오가며 흉터를 봉합한다

눈과 눈길 사이

물속에 몸을 뒤틀며 간을 맞춘다
때론 가루눈으로 뭉쳐진 눈길 따라
눈발들이 금세 바람을 타고
길바닥에 수묵화를 친다

한 치 앞까지 분간이 어려울 정도로
물 결정체로 길을 지울 때마다
눈과 눈의 폭만큼이나 캄캄하다

부리부리 떨어진 눈 위로
매력적인 겹겹의 눈으로 주워 담는다
청순 매력의 뉴 반달 눈
눈길 따라 밖으로부터 치받던 길

푹 꺼진 우묵 배미로 벗어난들
함박눈 무게로 공간들 채우느라
한밤 내 가로등은 잠들지 못한다

폭설로 보이지 않는 차선 따라

더듬더듬 자동차의 발자국을 찍는다
조용히 내리는 눈의 눈 소리들
눈길로 가로수가 달려든 것을 함구한다

눈길 위에서 누구든지 눈을 낮추고
누구에게 닿으면 죽는
그러나 아직 닿지 못한 눈들이
하얗게 쏟아 붓는 자정의 폭설
떼 서리로 나를 밟고 녹이고 있다

심심파적*

깻잎논쟁이 트위터, 커뮤니티에서
파문이라는 물무늬를 남겼다
남루한 시장바닥에서 끌고 온
소금물에 삭힌 깻잎이었다는 이유였다

묵은 내력으로 명약의 자리에서
깻잎 낱장을 핏줄처럼 차곡차곡 묶는다
온갖 양념을 입혀 한 장씩 포개어
식탁의 가장자리 착지한 시위였다

여러 겹 깻잎에서 한 장 떼어주기를
젓가락을 들고 누군가의 손짓에 따라
커플들의 입장 별별 의견의 선에서
무시로 펄럭거리는 의문 같았던 것이다

MZ들의 중앙에서 번개처럼 나와
흔들리는 눈동자 눈을 비빈다
깻잎 논쟁 냄새를 피울 때마다
심심파적으로 등고선을 그었다

깻잎 떼어주기, 패딩지퍼 올려주기
신발 끝 묶어 주기, 립밤 나누는 논쟁으로
여기저기 덧붙여진 논쟁을 즐길 요량이다
여기저기서 깻잎머리를 한 이들은

의문의 물음표 구조로 신호를 보내며
등고선을 소환해 금을 긋고 있다

*심심함을 잊고 시간을 보내기 위하여 어떤 일을 함

거푸집의 거처

가을볕에 파헤친 텃밭에서 뽑아온 무
신문지로 둘둘 싸 스티로폼 안에 두고 먹었다
두 달쯤 지나니 싹 틔운 모습 드러낸다
봉인을 해제하듯 박스에서 꺼내 잘랐다

허리 잘린 바람의 아픔이 투덜거린다
골다공증의 근거지 거푸집을 뒤집어쓰고
실오라기 낡은 집을 통과한 알몸
휑히 비워놓고 골똘히 들여다본다

새어나오는 바람 북향인지 남향인지
거미줄타고 발등을 꼼지락 숨은 얼굴
실바람에 화염이 마주치듯 삭아 내리는 통풍
여기저기 기어오르며 찔러대고 있다

동바리 함정은 살찬 바람을 껴안고
거푸집 울음에 갇혀 살고 있었던 것이다

금등화 金藤花

짝사랑에 집착하다 죽은 소화를 담벼락 아래 묻었다
한여름 튕기는 햇살이 발끝부터 능소화가 읽힌다
고사목 어깨에 얼기설기 팔을 걸치고
발화의 자리로 진입해 가로등처럼 환하다

고양이 울음소리를 흉내 내며 너스레를 떨다가
꽃의 심지 꽃 밥에 독성이 있다는 얼굴 없는 말
축 늘어진 어깨, 침묵의 시위 떠올린다

적황색 화려한 꽃송이 다가갈수록 실명한다는데
뭉게구름마저 빗금 따라 곁눈질이다

불꽃처럼 타오르다 핏발 선채 바닥으로 쏟아져
절절한 저항으로 유영하는 실루엣
하늘을 능가하며 어사모에 꽂아주던 꽃이었다

전설 속에 용의 사랑받지 못한 궁녀의 한이
살짝 스쳐도 꽃수술 독성이 눈을 멀게 한다는

짜증 Vexation

   클래식 고전음악에 당신을 새장 안에 가둔 채 가장 긴 피아노의 쳇바퀴를 돌린다 시간과 기억을 일사불란하도록 훔친 소리들, 어디로 향하는지 모르는 악보에서 로프 이은 음계를 꺼냈다

   어지럽게 날리는 선율이 여린 귓속에서 피아노 어둠을 물고 오르내린다 새들의 목소리가 떨어져 허공을 향한다 한 장의 악보로 840번 반복하는 수위를 조절하며 귓바퀴와 고막으로 뒤흔들며 흩어진다

   분분한 모래가 손가락 사이로 흘러내린다 제동을 잊은 나뭇가지가 좌불안석으로 흔들린다 기록적인 당신의 약속에 턱을 괴고 다리를 뻗는다 장밋빛에서 잿빛 리듬 허공에서 시간을 돌리는 함정이 있다

   유리창으로 날다가 부딪혀 피투성이가 된 리듬들, 안락한 조언으로 역정으로 궤적을 따라 섞인다 4명의 반주자가 건반 위를 오갈 때 나른한 암전의 꿈들이 시간을 물고 섞이고 있다

뭉개진 표정 흐트러진 음계의 서사적 파편에 고막으로 되감은 음표가 수북하다 괴짜 작곡자 에릭사티 '짜증(Vexation)'이란 제목 가장 긴 연주곡으로 기네스북에 올랐겠다

변종의 연주로 관객이 떠나간 날아간 빈자리 15시간 30분 몰아가 마지막 알람에 다시 앙코르가 울리고 있다

계절학기

가로등을 둘러싸고 독경 외던 매미
막차를 타고 소음과 함께
사라져 가는 침묵의 진경이다

땡볕 더위를 식힌 콘크리트 벽 사이로
세레나데로 타전을 보내는 귀뚜리
청각의 공명으로 떠는 구애의 소리
문턱과 틈으로 어둠을 이끌어 간다

밑줄 출구 밖으로 한걸음씩 내딛으며
더러 더듬이로 몸관을 연주한다
장맛비 먹구름의 지도에 따라 빗발치고
더듬이 하나씩 늘이며
참았던 날숨들로 모여들고 있다

나뭇가지 끌어안고 목청 틔우듯
귀를 접고 묵언의 몸으로 살았던 날
여름은 구석지고 더웠으며
바깥 통로 나오는 길은 길었지

시간의 금이 쩍 갈라진 틈서리로
감성 보컬 같은 휘파람 귀뜨르르
파동을 타고 우울증을 내뱉는다

살풀이 춤

바다 밑이 시끄러운 건 지진의 물속부양이다
네트워크로 보는 쓰나미 경보
눈을 감고 귀를 막아도
숨소리는 넘실대는 파도를 타고 있다

해안가의 발자국들이 수장되고
난 바다 위 흠뻑 젖은 새 한 마리
마흔아홉의 그 사내와 함께
가뭇없는 공중부양의 길 떠났다

넘지 못할 괄호로 목격 된 채
검은 눈동자 세계로 눈을 돌린다
블랙홀까지 밀려와 보이는 건
진실 아닌 것들 투성이
물푸레나무 바람이 불 때마다
토막토막 영혼까지 뒤척이다가
이파리마저 팔다리 펼치며 파도를 일으킨다

하얗게 쉰 새의 마지막 목소리

먼 바다로 나가기 위한 몸부림으로 거대하다
쓰레기 더미로 노을이 밀려왔다

해안가 가득한 해초 위를 누비며
흐릿한 그림자로만 남았다
어린 새의 푸른 날갯죽지
문장 골짜기를 넓히고 있어
산기슭 어미 새 지저귐 울음마저 멈추었다

펄럭 펄럭 쾌자자락 날갯짓으로
훨훨 살풀이춤 학이 되어 허덕였다

수국 가로수

아이스쿨 꽃 피는 몸뻬 바지
가로수 길 따라 꽃모종 옮기며 부산스럽더라

겹겹 지문들이 파릇한 꽃봉오리
티눈의 망막의 세포를 열어젖히며
푸짐한 빛을 당긴 듯 팽팽하더라

툭툭 만져보니 저마다 노랑 붉은 핑크
뭉게구름으로 분명해진다

아장아장 서툰 신발들과 바쁜 구두들이 모여
유채 튤립 장미의 꽃송이만큼
꽃말의 유래를 해독하며 다른 빵들을 찾더라

파란 지붕을 지나 담장 밖으로 지나가다보니
뭉쳐서 흐르다가 또 흩어져 흐르는 비단 꽃 빵 길
꽃무늬 바지들이 빙글빙글 웃으며 수국이라 읽고 있더라

산방꽃차례로 꽃받침 조각 위 둥지를 틀고
해금되지 못한 숨비소리 옥타브 구름 터널을 만들더라

연한 바이올렛 퍼플에서 바람이 쿨럭거릴 때마다
블루에서 레드로 얼굴 윤곽을 바꾸며
밭둑길 기슭 뼈를 묻으며 별이 스쳐 간 자리
꼭짓점 부풀어 돌담 밖에 피어나더라

바람의 자맥질에 틈새 달빛이 뿌리째 내려앉아
남루한 꽃받침대로 나비랑 벌을 유혹하더라

소금 꽃 별꽃의 입놀림이 되어도
서귀포 앞바다 성산일출봉 아래
블루 퍼플 핑크 수국서식지 관상용으로 최상이더라

겨드랑이를 터치하며 유취한 살바람 따라
꽃무늬 바지로 휘저어 초록 숲 앞에서
순수한 혈통이기를 바랐더라

화영연화의 꽃받침이 주목 받아
환하게 핀 그는 위화이더라 헛꽃!

의자에 대한 단상

골목길 경사로에 위태하게 놓인
노후의 호박 한 덩이
폐지를 실은 유모차가 흘끔 쳐다본다

구겨진 폐지 굽은 등허리를 펴며
똬리로 받쳐주는 노오란 침묵
노인의 두 다리 바닥에 주저앉아
호박에 깊게 파인 주름과 속삭인다

지나가는 버스 안에서 남은 한자리
서로가 치대고 밟아 착지하려다
힘센 사내가 먼저 의자를 더듬어
몸을 구겨 던지며 먼 데를 바라본다

움푹 꺾어져 그를 받아낸 의자는
차창 밖으로 내팽개치고 싶은
잡생각 담벼락을 통과하고 있다

홀연히 붕붕 떠다니는 샛바람 한 줄기
힘겨운 관절의 경사로를 떠돌 때마다

다 써버린 찌그러진 폐식용유 통 속
양초로 따끈해진 의자로 흘러들고 있다

시린 손발을 녹이는 비밀의 쉼터
옹골스럽게 반들반들 여물어 가며
속을 비운 문장의 의자로 낡아가고 있다

구인구직자 일당

 허공을 배회하며 태풍을 쓰다듬던 것들, 담벼락 흔들어 현관문에 생채기를 내고 있어요 쩍쩍 갈라지는 밤고양이 울음을 흉내를 내자 집 안팎이 떠들썩해요

 침수로 밥그릇 양동이 냉장고가 둥둥 떠다니며 열쇠를 잠그고 나가고 있어요 창문을 열고 환기를 넣는 잡부는 새내기 일당에 무표정으로 놀라죠

 퍼즐을 읽고 탄생한 뿌리 뽑힌 가로수들, 크레인 이용으로 짐 운반 결정을 양중일당자로 올려요 움푹 패인 웅덩이 검붉은 황톳물이 출렁거리고 있어요

 저마다 스릴을 탐한 무거운 눈들은 유리의 눈동자가 깨어지며 통증을 동반해 어지러워요 곰방일당으로 좀 더 높은 곳으로 올라가요

 도시락을 들고 긴 줄 앞에서 목을 내어놓고 속을 들여다보는 구인 구직자들, 지리멸렬한 표정으로 마지막을 포스팅해요 잠긴 너에게 꼼꼼히 철거인력과 보조공을 할당량대로 작업자로 투입하는 그가 있어요

힘 좀 쓰는 너, 배치되는 나로 인해 하루의 생들이 끼리끼리 모여야 일당이 되나요 또 비오는 날 고양이처럼 내 몫이 날아가기도 한다나요

탑의 변증법

모세혈관을 깨워 밥 말아 먹고 뼈를 채우느라
깜빡 졸다가 깼더니 백년이 흘렀다

기저로부터 올곧은 법문으로 가는 길
허덕지덕 힘겹게 바닥을 통과하고 있다

관능적 호칭으로 내왕하는 섬김에 대하여
스스로에게 위로하는 모순의 차를 대접할 뿐
마중 나온 생각 앞에서 못내 침묵한다

구겨진 눈빛으로 탈주하다
좌충우돌 보폭 뒤엉켜 중심을 잃어버린 채
피를 말리며 길을 내는 일
빨리 감기 느리게 감기로
풀었다 되감을 수도 없다

천지음양의 이치와 8진도 법을 적용하여
돌 하나 암호 하나 쌓아 올림으로
그의 탑은 백 년 동안 옴짝달싹 허물어지지 않는
피라미드 둥근 원형의 탑들이다

제4부

모자란 소유

순비기 꽃

척박한 해안가에서 눈에 띈 순비기꽃
허공을 지탱하며 폭풍폭우를 견디던
바닷바람의 짠물 습기를 품고 깨어난다

그녀는 순하고 작디작은 꽃을 닮았다
뼛속으로 바람이 불때마다 잎은 떨어지고
아! 내 나이 내년이면 팔순이란다

풍화의 시간을 건너 바닷가 언덕 위
융기처럼 들떠 뇌종양 윤슬로 앓으며
덧붙여진 종양의 비밀을 풀고 있다던가

잠깐 고개를 돌리며 아득히 마주친 달빛
지나온 잃어버린 세월로 착지했다
빛바랜 바람구멍에서 잎으로 돋아나
거센 바람 누르며 오종종 울음으로 핀다

자갈밭에 발을 묶고 이파리는 마모된 채
어디로 향할지 모르는 발걸음
모래밭 순비기꽃으로 피는 이유다

파쇄기 동정

빼곡히 널브러져 들어찬 넋두리 낙서들
흔적을 지우려 기계 머리에 버튼 누른다
사잇소리 들려오며 넘실대던 숫자들
지그재그 잘근잘근 블랙홀로 빨려든다

바닥에 쌓여있는 폐지 무덤으로
함께 묶였다가 지워지고 잊힐 표정들이다
더러 자본에 길들였던 기억의 감정
화려했던 얼굴 없는 글자들

참았던 들숨날숨 어떤 유전자도
오래된 폐지의 화석으로 남아
털털 부르륵 흐릿한 초점으로
들썩이던 수사의 보이스피싱처럼
은밀하게 숨죽여 서로 입들을 맞춘다

고스란히 소멸의 그림자로 남은 자리
되돌릴 수 없는 잃어버린 시간들
허공의 무지개를 붙잡고 초점을 잃어간다

지평선, 가볍게 떠날 수 없어
염탐하는 파쇄기를 볼 때마다
중심을 잃었으므로 무덤이 생긴다

난해하게 엉킨 독기를 빨아들이며
소란스럽게 우글거리는 문장 글의 폐지
구멍 안으로 파고 든다

현장의 폐기물 처리 비용도 많이 올라
한 줄 한 줄 이어붙이기를 하느라
터널 속은 보존도 재생도 불과하다

금붕어 존엄사

급물살에 짝을 잃고 파문을 일으키며
저 혼자 허공을 날아보려는 금붕어
허공을 베어 물며 아침 식사를 합니다

순간과 시간을 마음으로 그리는 반려자
무리지어 모였다가 떼 지어 흩어지고
조약돌과 수초사이를 헤엄치며
먹이의 부력에 따라 입들이 둥둥 떠다닙니다

물속에서 물의 무덤으로 다가가도록
날개를 탐하지만 결코 날개는 돋지 않고
꼬리 흔드는 무리들에게 빠져듭니다

짝 잃은 한 마리의 금붕어 키우는 건
위법 딱지를 붙이는 나라가 있습니다
병을 앓는 금붕어를 변기 속에 버리는 것도
잉꼬나 햄스터를 홀로 키우는 것까지
절대 허락되지 않는 생의 명목이 있습니다

엄격한 법률조항을 귀히 여기는 존엄법
소나 말을 규칙적으로 운동을 시켜야 하고
동물에게 고통과 손해를 주는 경우
고의로 유기와 방임은 유죄란 소식
반려동물을 키우는데 헌신해야 한답니다

물속에서 비밀을 빼금거리는 입술들이
어둠 속을 탐하며 속삭이고 있습니다
황홀한 안락사를 위하여 주사기를 들고
위험한 금붕어에게 몰핀을 투여합니다

사이언스* 사이꽃

지구의 뿔에 관한 얘기입니다
호모사피엔스**를 향해 던지는 화살로
화석이 아닌 인류로 얽혀
사각 오각 둥근각 무게중심의 탑을 만들어
지구의 뿔이라 밝히고 있습니다

쏟아지는 별들의 세례를 받으며 뿔 앞에서
검지 중지 손가락을 움직여 접속을 시도합니다
현존 인류 사피엔스가 지문이 닳도록
탄생 경로를 오를 날을 가늠해
손바닥 좌로 우로 행성을 우러릅니다

피라미드 발원지를 찾아 헤매는 돌들의 담
은밀한 얘기를 담아 쌓이는 것들
천년의 고요는 노동의 뿔로 생성된 것입니다
피멍으로 물든 것들 손바닥 위에서 거칠게 떠돌다가
모서리로 자리를 잡는 얼굴들

울퉁불퉁 원시적부터 돌의 분진이 쌓여
해각 산고로 자랄 때마다

차갑게 움켜쥔 포물선으로 그려지는 행성의 사이꽃
돌들을 품어 세공할 때마다 중력의 허기가 드나듭니다

주술에 걸린 듯이 개미 떼거리로 세 들고
비를 피하여 몰려온 체취로
해종일 콩새 한 마리 구애의 몸짓 날릴 때
쪼르르 깃털들이 살아나기 시작합니다
뿔은 어둡고 환한 붉을 밝혀
목구멍 경전으로 떠돌고 있습니다

*사이언스 자연과학
**호모사피엔스 유일하게 현존하는 인류

본차이나*

태초, 흙으로 인간을 빚었던 찰흙 한 덩이
뭉텅뭉텅 나무 칼날로 빚어지는 자화상
꼼지락꼼지락 너의 움푹 팬 관자놀이로부터
오뚝한 코와 몽환적인 눈 매력적인 입술

손끝으로 짓무르다가 뭉개지고
입 꼬리 흘러내리자 토닥이며 끓어 올렸다
이목구비가 뚜렷한 몸통 배꼽 밑이 볼록한
배불뚝이 말끔히 쓸어 담고 감춘다

뼈 중의 뼈 아담의 갈비뼈 하나로
생귀의 발원지 신체를 갈고 닦는다
서로의 눈빛과 팔다리 관절은 바닥에 꽂고
혀를 감싼 입술, 감정을 입힌다

희고 푸른빛의 유약을 칠하여
영롱한 불길을 가늠하듯 숨죽여 바라본다
붉은 눈은 도자기의 문장을 떠돌고
화염의 날개 잿더미를 품을 때 가마 문을 연다

참았던 날숨, 가늘게 뜬 찢어진 실금들
이브의 속삭임이 떠돌고 있다
슬프게 깨어지는 질그릇 사기그릇 소리

슬쩍 찻잔 하나에 T스픈 하나 찔러 넣어본다
빈약한 주머니가 드나드는 가마의 구멍은 흙으로 메워지고
활주로 따라 밑바닥부터 전송하는 불의 갈퀴

생각과 감정들이 뼈를 파고드는
맑고 투명한 몸을 완성하는 불의 장례식

*본차이나(bone chinna) 동물의 뼈로 만든 그릇

만물트럭이 지나가고

먼지 일으키며 달리던 만물트럭에서
후루룩 날아간 검정 비닐봉지
겨울나무 옷깃에 매달린 채 나부낀다
손으로 어깨를 간질이듯
산 벚꽃 피는 오지 마을로 날아가고 싶다

겨울바람이 뒤척이며 놀다간 자리
부유물 같은 아지랑이 피돌기를 시작하면
지난해 없던 순연한 잎들 돋아난다

산골마을 눈 녹으면 찾아오라던 인사말에
눈이 짓무르도록 기다리는 봉지
트럭에 매달려 귓가에 바람 소리
나뭇가지 끌어안고 산비탈도 내달린다

버들개지 도랑물 근처 몸을 낮추고
기지개를 켜는 숲 저 혼자 가슴이 뛰고 있다
돌미나리 봉지 터져 버리는 봄날
얼음물 들락거리다 거품을 일으키며
경칩 개구리 산란을 시작한다

아낙네 바구니마다 이른 봄 소복이 담아
긴 시간 오갈 때마다 입맛 돋우는
돌미나리 찾아가는 길
빨간 양푼이 비닐봉지 졸래졸래 따라 나선다

한낮의 태양빛 삼키며 벚꽃 필 때
만물트럭에서 뛰쳐나온 검정 봉지 따라
이 잔인한 봄날이 지나가고 있다

모자란 소유

얼룩진 모퉁이에서 스르르 고단함이 흘러나온다
삐거덕거리는 인적 소리와 유린당한 바람 소리
흙먼지 날리는 길들을 지우며
안절부절 개미를 피하는 크고 작은 맨발들

갠지스 강가에서 화장한 잿가루 얼굴에 칠한
코브라 지팡이를 든 백발의 명상가
아무렇지 않게 수염과 머리 손톱을 평생 기른다
육체를 구겨 만든 가부좌 평생 한쪽 팔만 든 채
모서리로 끌고 들어온 기상천외한 일들로
경전 한 구절로 용돈을 구걸한다

까르르 말을 트기 시작한 아이들 사이
1루피 30원을 계산하여 축복을 거래한다
시장에서 화장터에서 빠져나온 문장을 물고
활활 타오르는 복을 위하여 흥정을 시작할 때
지나는 사람의 모자를 벗긴다

모자란 당신이 잠시 소유하는 것이라며
타인의 주머니에서 슬쩍 훔친 돈으로 선물을 산다

뿔뿔이 제 길로 흩어지다가
그럴듯한 일갈을 날리는 사람들

당신은 어느 별에서 떨어져 나온 여행자일까
낡은 지붕 뜯어진 구멍의 숙박 집 앞에서 멈칫거린다
머리위로 쏟아지는 별을 총총히 판매하며
허풍스레 노프라블럼을 외친다

*노프라블럼(No problem) 걱정하지마, 괜찮아요

은행나무 꽃

생채기를 내며 여백 끝에 매달렸다
꽃이 피면 천년의 고독과 맞닥뜨린다
화려하거나 빼어나지 않아
우연과 필연의 눈빛에 두근거린다

꽃피운 사연을 처절하게 비우며
낯설음 향해 쓸어 모으는 눈길
얽히고설킨 수묵담채로 물결치는 그림자
뿜는 향기는 어디로 향하는 걸까

오랜 목록에 끼워 아낌없이 나누다
고요하고 싶어도 바람이 머뭇거린다
봄비 내리는 날 수수하게
한 획 한 획 흘러내려 가라앉는다

뼈대들은 가구 침대로 번성하고
알들은 천식에 좋은 식용의 은빛 살구다
오가며 노랗게 영그는 은행잎 거리
당신의 자태 앞에 두근대는 마음으로
세상을 담아 거기 깃들인다

내면의 오류

프로폴샤인 고광택 모발 영양제
코와 입 얼굴에 쫙 펴 발랐다
피부에 영양제 에센스를 바른다는 것이
고만고만한 화장품 용기에 담긴 속임이다

머리카락은 반질반질 떡이 되어 빛나고
피부는 끈적끈적 광이 난 표정
거울에 비추어 보지 않아도 보인다
팩처럼 달라붙고 엉겨 뭉개지는

모방의 덫을 쓴 주소 불명인 것들 사이
모발에 바를 것을
피부, 두상 구분되지 않은
더러 비슷한 그릇에 담겨
가짜가 진품에 빛나는 즐비한 나날
속속들이 내면까지 비추어 본다

민물고동의 드잡이

1
물살의 혀가 수런수런 강줄기 타는 하루
그 여름, 영동군 심천면 금강 상류
유리가 달린 플라스틱 다슬기 잡는 그릇을 들고
물속으로 발을 들여 놓는다
모래 돌 자갈 소품을 모조리 뒤져
황갈색 흑갈색 얼룩무늬
나선형 민물고동 골뱅이를 더듬어본다
조류나 물고기 배설물 먹어주는 하천의 청소부
온몸 물살에 떠밀려 뒤뚱거리며
유리그릇 너머 갑각류 감촉으로 다슬기를 잡는다

텃밭의 부추와 이 오 온 만반의 준비에 이르리
집 된장에 올갱이국을 끓여 먹는 재미로
간과 눈을 보호에 수준에 이렀다
베스가 모래무지 피라미 낚아채듯
잔잔한 수초 부드러운 물 속 들여다보며
더듬이를 내리고 은둔한 다슬기
물살 파문 흐름 따라 밖으로 끌어당겨
빨간 양파 자루 속 채우고 또 채운다
엑기스 만들기 위하여

2
흰 구름 여울목 휘도는 강 따라
밤새 물 속 번뇌를 세는 염주알다슬기
서 말의 구슬 꿰어 목에 드리우던 띠구슬다슬기
고집스럽게 남은 고체다슬기
허리 굽혀 자식 살피던 주름다슬기
각양각색의 다슬기 물소리에 귀만 기울인 채
몸의 문 굳게 닫아 수초에 달라붙고 소식을 끊는다

시린 물길 아래 사람들 손길 닿을 무렵
메기 쏘가리 미꾸라지처럼 피하는 틈새
헛물소리 세찬 물살 흘려보내고
수면 위 어떤 경계를 관통하는 불안에
돌과 자갈 사이 몸을 묻고 있다

막막한 가슴으로 소리 한 번 내지 않으며
자신의 의지대로 휘저어 본 적도 없다
누구든 이 물 속에선 민물고동과 드잡이하지 마라

삼공오공 보호구역

밤새 윤중로 사거리 cctv 카메라
얄팍한 속셈 숨긴 채 누군가의 손아귀로
자동차 달리는 속도를 조정하자
흘끔거리며 잠에서 깨어난 거리
벚나무 가로수들 비틀거리며 달려
소나타 모닝 그랜저 노려보더라
잠깐 생각의 부재로
낙엽 따라 신호위반에 걸렸다

미필적 고의를 인정하는 기록자
정산할라 치면 얼굴이 달아올라
담장 밖 좌판에서 사지 못한 것들 생각나
욕하며 모래알 씹는 중이다
회백색 거리 붉은 아스팔트로 도색되자
도출되고 지켜보는 눈빛 줄 때마다
천천히 슬로우 주문을 외우자

녹색 깃발은 보호구역의 심장 지킴이
메타세콰이어 숲 깊숙이 감춰진 공공담장 길

새떼 종알거리며 활보하다 구르다 종종거린다
공익을 위해 설치된 흔적의 박스
꽁무니 치켜세우면 달려오는 먹잇감을 겨냥해
무시로 으르렁 그르렁 엉킨 채
다시 걸리지 않겠다고 주목받는 네거리

슬로우 타이어 비틀거리며 흐름을 타
삼공오공 거리 거품으로 떠다닌다
참았던 날숨들숨 앞길을 터준다
보호색을 빌미로 가까이 다가오는 날파리
꼬인 혀로 자전거 구입할 삼십만 원을 고지한다
차들이 중언부언 얼굴을 내밀자
몸을 던져 탐욕을 키우는 저 경계

하루살이

 가파른 벼랑 끝에서 하루살이 고소공포증을 앓는다 힐끔거리는 바벨탑 이정표 없는 골목 여기저기 출몰하는 가로등, 빨려들 듯 모래바람 일으키며 프로펠러 날갯짓으로 최상층으로 몰려들고 있다

 칸칸이 사막 모래로 채워진 거대한 먹거리, 가로등 꼭대기와 친밀히 주목 받은 적 있었던가 밤새 너른 하늘의 평수를 차지하려는 욕망은 비상을 가늠하다 비틀거리며 주저앉았다

 폭음과 함께 와르르 떠밀려 너덜너덜해진 거푸집의 피어싱, 고층건물 뼈대에 매달린 콘크리트 골절잔해 너의 네가 읽히고 의문과 답의 질문까지 꼬리를 물었다. 입속의 혀는 무거운 눈꺼풀의 짐을 떨치며 가성헌실 거울의 먼지를 닦아내고 있다

 먼저 달아난 백년의 하루가 모래 씹은 표정으로 헝클어진 머리 푸석푸석한 얼굴 세면대에 풀어 헤치면 부유하는 하루살이 신음도 풀려나와 흩어진다 된장국에 한 술 말아 먹고 파스를 붙인 몸뚱이 통증을 호소할 때마다 시시각각 간섭하는 고함소리 비밀스럽게 번져가는 의심의 눈빛 예보가 있었다

폭설에 번개를 동반한 소용돌이 머리와 허리를 굽히며 등고선이 그려진다 담벼락 올라갈 때마다 날개를 달고 더 높이 날아오르려는 검은 환영 눈짓에 결코 물러서지 않아 걸음마저 흔들린다

무한의 하늘 진입할 때 허방을 거들먹거리다 그들의 궤도끼리 섞으며 놀며 별들의 습관처럼 떠돌다 어둠까지 먹는다 한꺼번에 눈으로 몰려든 별, 기다림으로 하루 일당에 동전까지 챙겨 어깨를 툭툭 친다

돼지 숯불집에서 돼지껍데기 순대 족발을 안주 삼아 소주 한 잔에 초고속으로 오르는 빌딩 혁명에 진저리를 친다 웅크리고 꼬부라지고 떨어지지 않으려 콧구멍을 후비고 하릴없이 머리를 쓸어 넘긴다

하루의 꿈들이 콧소리를 내며 꼼꼼하게 드러났다 거품이 하품을 하듯 하루를 움켜쥐었다 놓은 듯 점점이 하루살이 이정표 사라지는 나날들이었다

참깨 밭에서 만난 딱새

뙤약볕을 견딘 참깨대에
꼬투리 입들 앙 다물고 익어간다
더운 바람은 풀더미에 딱새 집을 허락해
어미는 나뭇가지를 꺾어 물고
햇살 한 줌 함께 부리가 부르트도록 만든 둥지

발끝 주파수를 따라 조심스럽게 들여다보니
보금자리에 부화된 딱새 새끼들
꼼지락꼼지락 노란주둥이 오물거리며
살을 채우고 게슴츠레 눈을 뜨고 있다

잘못 계산한 번식 행간의 늦둥이들
가마솥더위를 마시며 날아오를 거야
퍼덕이며 둥지를 빠져나간 어미
긴 한숨으로 주위에서 빙빙
성긴 눈으로 지켜본다

세상 저편 속삭이는 영유아 유기사건
혀 뿌리째 휘둘리면 시비라도 걸고 싶은데
어미 새가 머릿속까지 치고 올라온 듯

겹겹의 뻘을 치고 비행으로 부유한다
이웃 새떼는 부리 자라고 날개가 돋아
어리광부리며 허공으로 들었다

참깨 밭주인에게 저당 잡힌 일이
한두 번은 아닐 터
맞부딪친 적이 없었던 것일까
꿈의 각도가 새로운 길 만들 찰나
얼기설기 얽혀진 동공과 귀 막음을 한다
덩그러니 남겨진 새끼들

가지치기를 한 벚나무 가지로
작은 새 햇볕에 마르지 않도록
그늘막을 만들어 주자

연신 주둥이 벌리면 먹이 쟁탈로
왁자지껄 소란을 피울 때
새보다 못한 영아 유기치사 사건
여러 채널에서 힘겹게 들썩인다

담쟁이와 클라이머는 같은 과

정수리로 두 팔을 뻗는 것은 벌을 서는 것
팔이 시리도록 향한 오르가즘 파문
조가비처럼 똬리 틀어 덫을 놓는다
벽이 되지 못한 담쟁이, 클라이머들
발걸음은 벼랑과 높이 솟은 바위를 건너가고
자갈돌을 틀어쥔 손과 앙다문 입은 벌을 받는 중이다

길다랗게 팔을 뻗어 세포의 늪을 더듬거린다
꼼지락거리는 엄지 금지발가락이 도착을 알려도
내 몸 사용서로 발버둥 치는 일들이 잦다
견딜 만큼 견디다가 이쯤이야 매달릴 때마다
암벽은 발걸음을 허락하지 않아

절정에서 솟아올라 낙하되는 클라이머
바위틈을 공략해 닿을 때마다 희뿌연 초크 읽혀
제 몸의 수액으로 새순 피워 덥석 잡는다
매끄럽고 거친 벽의 틈을 지나
담쟁이 검푸른 짧고 긴 손가락으로
행간의 발레나 허공의 국경을 넘나든다

손사래 치며 더듬이를 걸고
오르듯 말 듯 거대한 푸른 파도에 도착 할 듯
소용돌이 문제를 푸는 손들이 모여 지문을 남긴다
담벼락에 촘촘히 박힌 고통이 새어나오고
일사분란하게 오르다가 멈춘 뒷모습

지나는 사유들이 손짓하며 쉼 없이 찌를 흔든다
정동 맥을 타며 공중으로 흩어지는 포물선
암벽의 도도함에 팔을 들고 물러서지 않는다

바위 성 박물관

그 수컷 바위는 바지를 벗어 던지고
그 암컷 바위는 치마를 걷어 올렸다
야생화처럼 후줄근하게 피워 가벼워지는
제주가 돌멩이로 만든 성 박물관

내려다보면 벌거벗은 돌덩이 같지만
햇볕으로 뜨거워지는 몸이었다
줄줄이 볕에 불려 나와
잔디밭 군데군데 메시지를 풀어놓고 있어

불쑥 튀어나와 불거지고 홈이 패인 채 묻혀
서로 엉켜 불그레한 돌덩이 발들이
들판을 가로질러 재즈음악에 댄스를 추고
가슴에 풋풋한 연인의 풀 심어
노랗게 유채꽃으로 피우고 있다

미로의 바람 따라 순간의 눈빛에서
수많은 이름 불러 새긴 바위에서
신열의 열꽃 들풀 향기로 태어나
타오르는 돌덩이 위에 그들을 얹어본다

이든시인선 140
개미의 집
ⓒ 김은자, 2024

발행일	2024년 5월 30일
지은이	김은자
발행인	이영옥
펴 낸 곳	도서출판 이든북
출판등록	제2001-000003호
주 소	대전광역시 동구 중앙로 193번길 73
전화번호	(042)222-2536 | 팩스(042)222-2530
전자우편	eden-book@daum.net
카 페	https://cafe.daum.net/eden-book
공 급 처	한국출판협동조합
	전화 (02)716-5616 (031)944-8234~6

ISBN 979-11-6701-291-3 (03810)
값 11,000원

* 이 책의 판권은 지은이와 이든북에 있습니다.
* 이 책 내용의 전부 또는 일부를 재사용하려면 반드시
  양측에 서면 동의를 받아야 합니다.

* 이 사업은 대전문화재단 ❋대전광역시 로부터 사업비를 지원받았습니다.